Hanne Türk und Rosanna Pradella

Die große Kinder-Zeichenschule

christophorus

Inhaltsverzeichnis

Über dieses Buch

Alle Kinder zeichnen gerne. Zeichnerische Begabungen spielen dabei keine Rolle; ebenso wenig ändern sie etwas an der Bedeutung des Zeichnens für die kindliche Entwicklung. Zeichnen fördert vor allem visuelle Wahrnehmung, Abstraktionsvermögen und das Zusammenspiel von Auge und Hand. Es bietet dem Kind Raum, seine Gefühle zu äußern und auf Papier festzuhalten. In diesem Buch üben Kinder spielerisch den Umgang mit Stift und Papier ein und lernen auf rundum vergnügliche Weise, wie gelungene Bilder entstehen können.

Lassen Sie die Kinder zunächst frei mit dem Material umgehen; dies fängt mit ganz viel Papier und großen Schwungübungen an: Frei aus dem Handgelenk heraus führen sie von selbst zu Grundformen wie Kringeln, Strichen und Zacken. Dabei schließen Kinder Freundschaft mit dem Stift, der – nicht immer, aber immer öfter – das macht, was man von ihm will: einen geraden Strich beispielsweise oder ein Ei. Das sind gleichzeitig Vorübungen und Übungen zum Schreibenlernen.

Leib und Seele spielen sich aufeinander ein und führen unversehens zu einer sicheren Koordination von Auge und Hand – und zur Ausbildung von Formen, die zunächst entweder alle rund sind oder eckig. Diese Erfahrung vertieft sich durch das Mitsprechen. Ein lang gezogenes, laut wiederholtes „Kringelingeling" begleitet lautmalerisch den mit der Hand ausgeführten Zeichenrhythmus. Ein „Zick-zack" hingegen klingt nicht nur scharf und spitz, sondern hinterlässt auch – siehe da – entsprechend zackige Spuren. Aus freien Übungen heraus entstehen Grundformen: Kreis und Oval, Dreieck und Viereck.

Darauf beruhen die Zeichenübungen: Sie leiten Kinder zur Wahrnehmung der Grundformen an, die beispielsweise im Zwerg, in der Raupe oder in der Ritterburg stecken. Sie zeigen, wie die Formen, entsprechend zusammengestellt, Schritt für Schritt zum Bild hinführen und wie schließlich durch Weglassen von Hilfslinien und Hinzufügen von Details das Bild entsteht.

All dies wird von einfachen, die Schrittfolgen kommentierenden Reimen begleitet. Darüber hinaus erzählen die Gedichte auch eine kleine, lustige Geschichte zum Bild. Ein paar Mal gelesen und nachgesprochen werden die vergnüglichen Reime ebenso gekonnt reproduziert wie die Bilder. Sehen und Hören, Sprechen und Zeichnen: Auf dem Weg über Bildersprache und Sprachbilder wird den kleinen Zeichnern zugleich der „Klang" des Bild(wort)es und das Klangbild der Sprache bewusst.

Tipps

Jede Zeichnung baut auf einer oder mehreren Grundformen auf: Kreis, Oval, Dreieck oder Viereck. Im Blick auf das fertige und ausgemalte Bild wird ersichtlich, welche Rolle die Grundformen dabei spielen oder was aus ihnen geworden ist. Regen Sie die Kinder an, spielerisch (ohne Bleistift und Papier) die Formen zu entdecken, die in den verschiedenen Dingen der Umgebung stecken.

Lassen Sie das Kind die Grundformen mit großen Schwungübungen anfangen; am besten großzügig auf Schmierpapier. Achten Sie darauf, dass die Kinder nicht verkrampft, sondern aus dem lockeren Handgelenk heraus zeichnen.

Der Radiergummi (besser noch: der Knetgummi, den es in diversen Farben gibt) ist ein wichtiger und freundlicher Helfer. Er entfernt nicht nur „falsche" Striche, sondern auch die Hilfslinien. Diese haben beim Zeichnen geholfen und müssen vor dem Anmalen ausradiert oder mit dem Knetgummi „weggewischt" werden. Das Wegnehmen gehört zum Zeichnen genauso dazu wie das Hinzufügen von Strichen! Wachsmalstifte eignen sich deshalb zum Ausmalen, nicht jedoch zum Zeichnen.

Vorgezeichnet wird am besten mit einem weichen Bleistift oder auch mit Buntstiften; Letztere lassen sich allerdings nicht so gut entfernen. Wachsmalstifte eignen sich zum Ausmalen, nicht jedoch zum Zeichnen.

Wenn Sie sich gemeinsam mit dem Kind ans Werk machen und ihm beim Zeichnen helfen: Sprechen Sie das „Projekt" zunächst mit ihm durch. Lesen Sie Ihrem Kind das Gedicht im Ganzen vor und begleiten Sie es beim Wiederholen. Die dazu passenden Reime prägen sich sehr schnell ein und werden die kleinen Zeichner lange Zeit beschäftigen.

Lassen Sie Ihrem Kind freie Wahl, was es zeichnen (lernen) möchte. Wiederholung tut ebenso gut wie wiederholtes Lob. Irgendwann ist jedes Zeichenthema ausgereizt und wird selbstständig durch ein anderes Lieblingsbild ersetzt.

Kringel und Kreise

Kringeling und Kringeling! Was wird das für ein Kringelding?

Einen Kringel nach dem andern lassen wir nun fröhlich wandern.

Aus den Kringeln werden Kreise. Weiter geht die Kringelreise!

Und jetzt alles ohne Schlinge. Schau! Da haben wir schon Ringe.

Ringsherum wird alles rund.
Vorne Augen noch und Mund,
Fühler und da unten kleine
dünne Raupen-Krabbelbeine.

Meine Raupe Kringeling,
bald wirst du ein Schmetterling!

Nimm den Stift und schau, was man
mit zwei Kreisen machen kann!

Zu dem großen Kreis der kleine,
unten Striche für die Beine.
Schnabel, Augen, Federn, Schwanz,
und schon ist das Küken ganz.

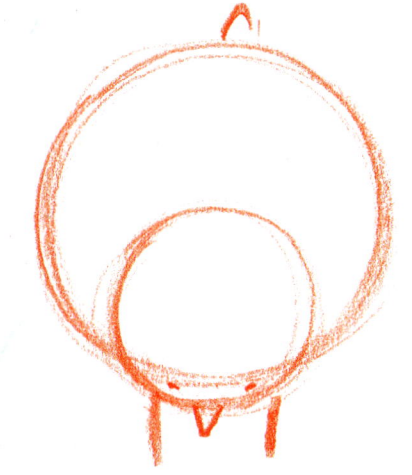

Guckt zu Boden, guckt hinauf,
pickt vielleicht ein Körnchen auf,
und dann findet es noch eines –
ist das meines oder deines?

Aus Kringeln wird ein Ei

Kringel hoch und Kringel tief. Kringel grade, Kringel schief.

Kringel größer, Kringel kleiner. Viele Kringel – und noch einer!

Nimmst du einen Kringel raus, wird ein Kringel-Ei daraus.

Eier hoch und Eier quer,
eins, zwei, drei und noch viel mehr!

Und wer Eier zeichnen kann,
fängt nun mit den Tieren an.

Kleines Ei: Das wird der Kopf.
Großes Ei: Das wird der Bauch.
Kringelohren, Schwänzchen, Pfote
braucht das Häschen auch.

Für das Schäfchen gibt es tolle,
schöne, weiche Kringelwolle.
Ohren, Schwänzchen, eins, zwei, drei.
Und der Kopf? Ein großes Ei.
Wie viele Beine zeichnen wir?
Eins und zwei und drei und vier!

Vier Kringel und ein Ei,
da schwimmt ein Fisch herbei.

Auch beim Gesicht und Mund
ist alles ziemlich rund.

Und hörst du, was er spricht?
Gluck, gluck. Mehr kann er nicht!

Zick-zack um die Ecke!

Der Stift steigt auf den Zackenberg, das ganze steile Stück.

Doch an der Spitze dreht er um und kehrt ins Tal zurück.

Hoch auf den Berg, zurück ins Tal: zick-zack, zick-zack und noch einmal!

Da unten geht's gerade aus.
Du siehst: Ein Dreieck wird daraus.

Der Stift malt eine kurze Strecke. Und Halt! Dann biegt er um die Ecke.

Und weiter geht es, immer wieder – hoch und quer und wieder nieder.
Dann male einfach ein Stück aus. Du siehst: Da wird ein Viereck draus.

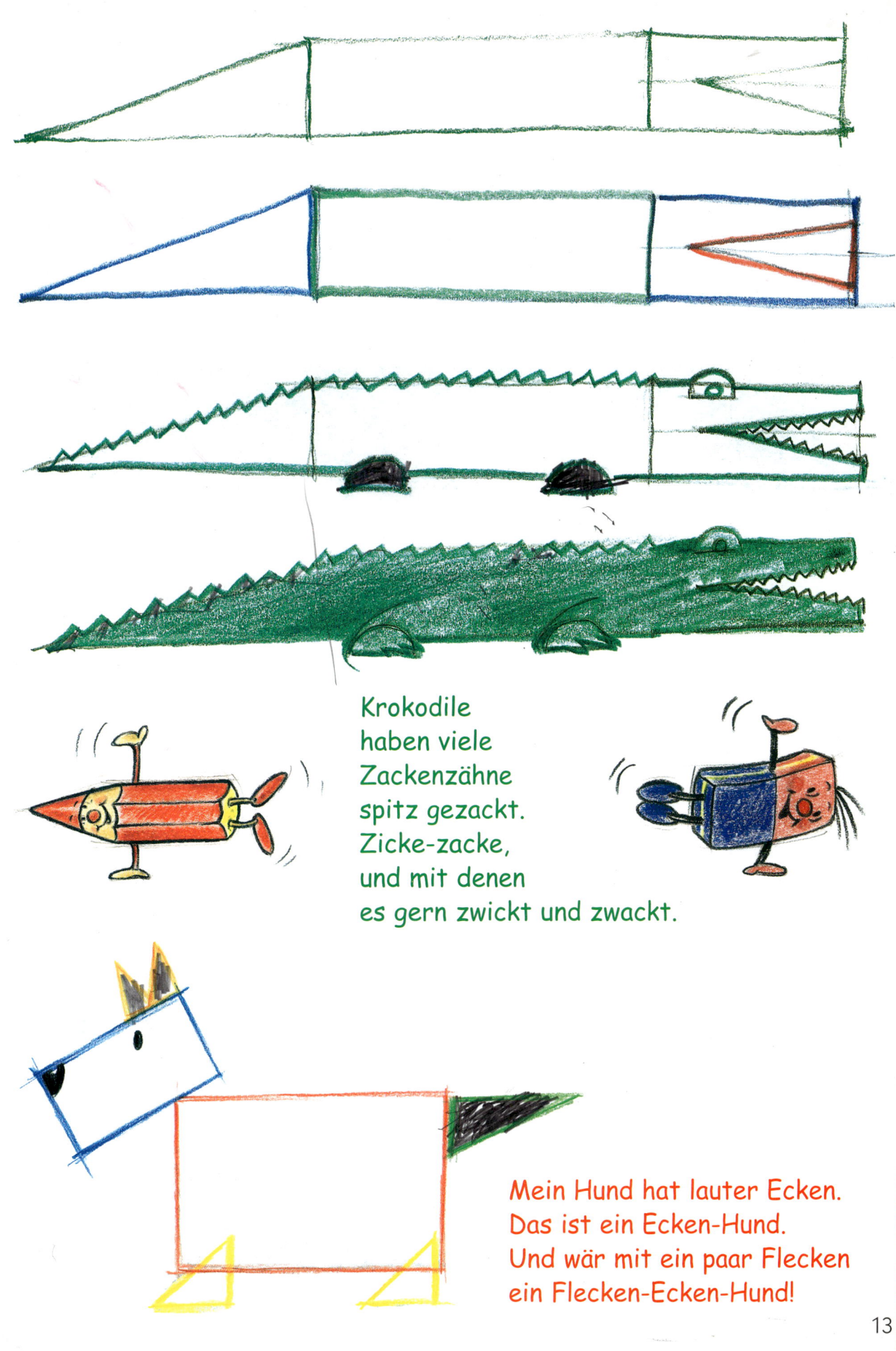

Krokodile
haben viele
Zackenzähne
spitz gezackt.
Zicke-zacke,
und mit denen
es gern zwickt und zwackt.

Mein Hund hat lauter Ecken.
Das ist ein Ecken-Hund.
Und wär mit ein paar Flecken
ein Flecken-Ecken-Hund!

1

Ein Rechteck groß
und noch drei kleine:

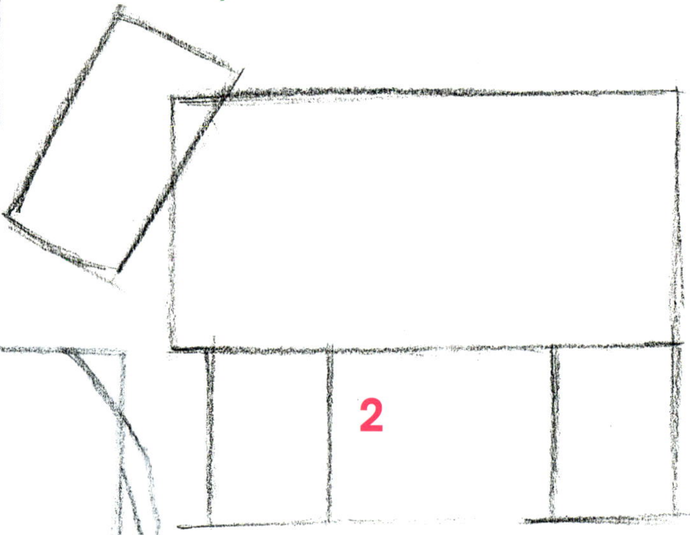

2

Das ist der Kopf,
das werden Beine.

3

Den Schwanz daran!
Wir zeichnen weiter:
Gesicht und die Ohren,
die Hörner, das Euter.

Da steht die Kuh
und schaut uns zu.
Will ihre Ruh.
Sagt: Danke. Muh!

Muh!

Oink!

1

2

Dick und rund wird unser Schweinchen.
Unten eckig sind die Beinchen.
Ohren und Rüssel haben Ecken,
die wir später dann verstecken.

Ringelschwänzchen hinten dran.
"Oink!", ruft Schweinchen.
"Mal mich an!"

3

4

1

Dieses Ei ist ganz alleine.

Da bekommt es unten Beine.
Zeichne oben Flügel dran
und das Köpfchen. Und was dann?

2

3

Schnabel auf und Flügel strecken:
Quak und Quak, und alle wecken!

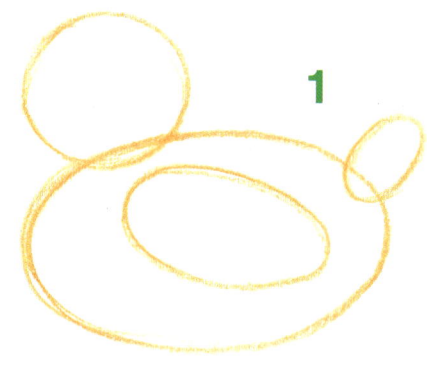

1

Will die Ente baden gehen,
sind die Füße nicht zu sehen.

2

Schnabel halten: Still und stumm
schwimmt sie auf dem Teich herum.

Sperr den Schnabel auf, und dann
fängt das Quaken wieder an.

1

2

Hühnervolk

1

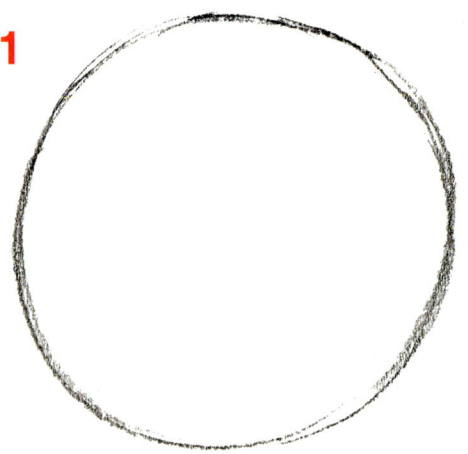

Das ist ein Kreis. Und nun,
was soll'n wir mit ihm tun?

2

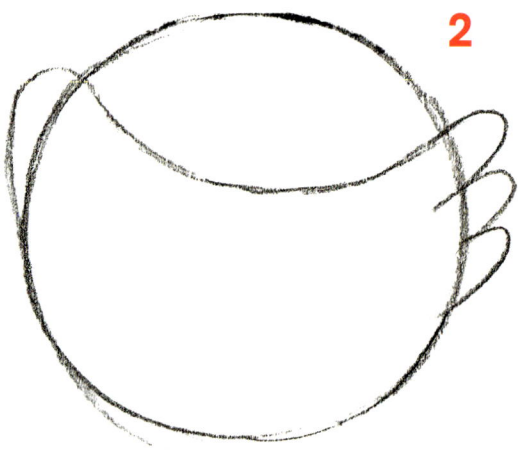

Da zeichnen wir ein Huhn hinein.
Zuerst das Federkleid allein.

3

Sodann kommt alles andre dran,
was so ein Huhn noch brauchen kann.

Den Kreis, den brauchen wir nicht mehr.
Schnell ausradiern und Farbe her!

18

1

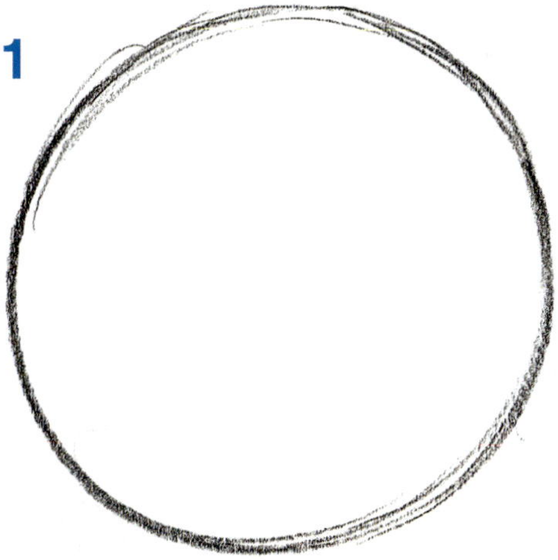

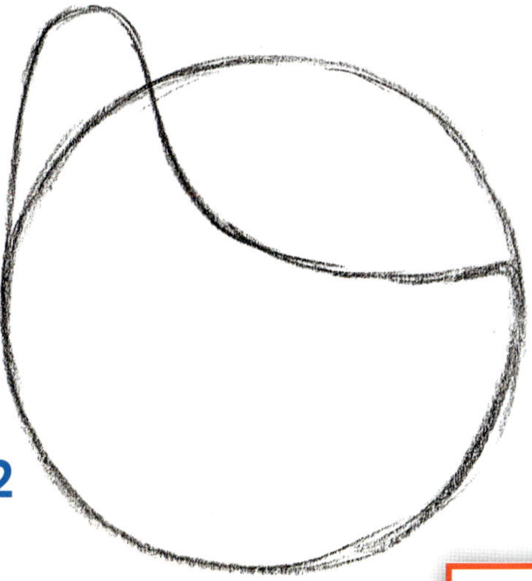

2

3

Kikeriki!
Der stolze Hahn
fängt so wie eine Henne an.

Kikeriki!
Doch kriegt er dann
den bunten
Hahnenschwanz daran.

19

Kreise, Kringel: immer zwei.
Dreieck, Striche:
Eins, zwei, drei
kommt die Kükenschar herbei!

1  **2**

Köpfchen tief und Flügel strecken:
Gibt es hier was zu entdecken?

1  **2**

Hoch das Schwänzchen, denn da vorn
liegt bestimmt ein Futterkorn!

1  **2**

Wie betrübt das Küken guckt!
Hat das letzte Korn verschluckt.

Pferd

1

So sieht das am Anfang aus.
Und so wird ein Pferd daraus:

2

Hier der Hals und
dort der Schweif.

Unten Beine, dick und steif.

3

Kopf und Mähne oben drauf.
Dann stellt es die Ohren auf.

Und auf schnellen Pferdehufen
trabt es her, wenn wir es rufen.

1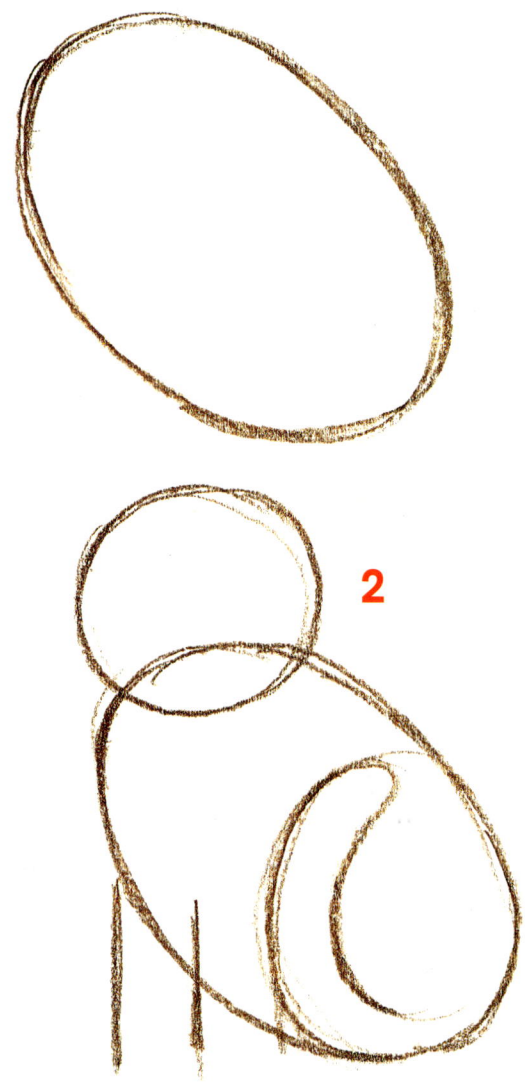

Katzen laufen, Katzen kratzen:
Jede Katze hat vier Tatzen.
Sitzt die Katze, sieht man zwei.
Doch man zeichnet erst ein Ei.

Pfoten, Kopf und Katzenschwanz.
Eine Katze? Noch nicht ganz!
Denn sie hat noch kein Gesicht.
Tatzen hat sie auch noch nicht!

Aber jetzt! Ein Fell, und dann
fängt sie gleich zu schnurren an!

2

3

1

2

3

Wenn das Kätzchen vor uns steht,
zeigt es alle Pfoten. Seht!

1

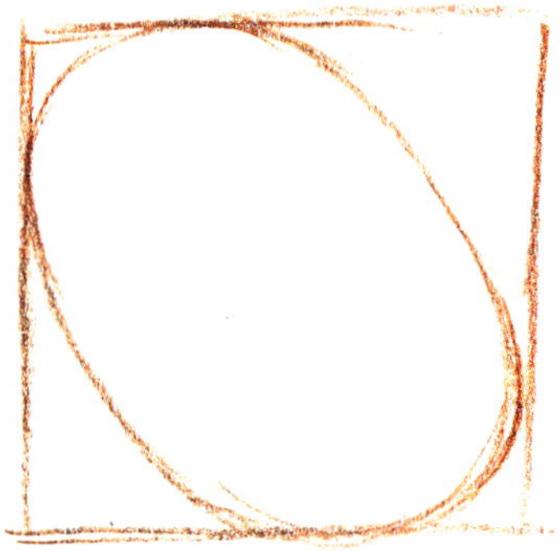

2

Schau, so zeichnen wir den Hund:
einmal eckig, einmal rund!

3

4

Pfoten drinnen, Kopf hinaus.
Hinten schaut das Schwänzchen raus.

5

Ohren eckig, Schnauze rund:
Bello, sitz! Ja, braver Hund.

24

Bello und Flecki

1

2

3

Und da sehn wir Flecki stehen.
Wer will mit ihm Gassi gehen?

Käferle

Kringel, Kreis und noch zwei Kringel:
Was wird das denn für ein Schlingel?

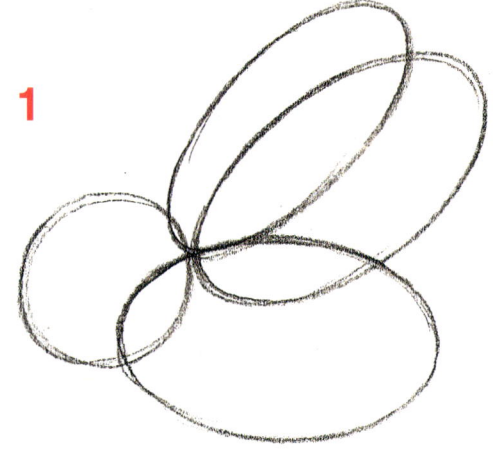

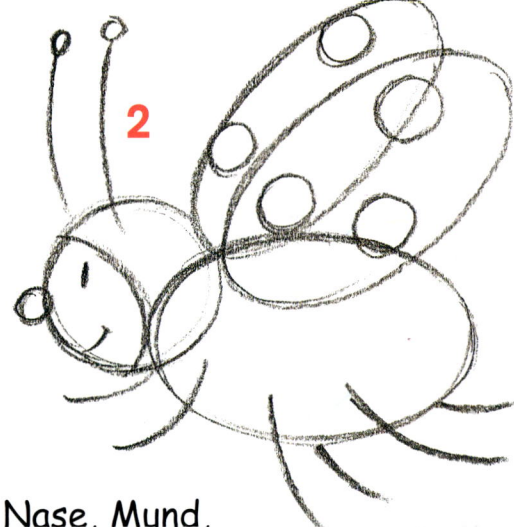

Fühler, Beinchen, Nase, Mund,
dann die Punkte dick und rund.

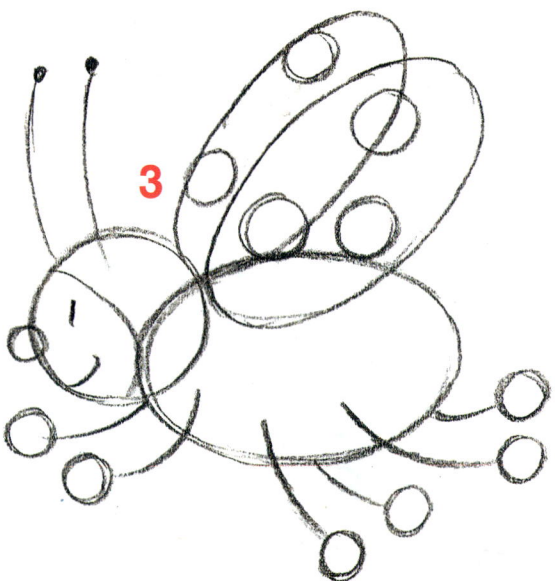

Zeichne ihm noch Füßchen dran,
weil er sonst nicht krabbeln kann!

Schmetterling

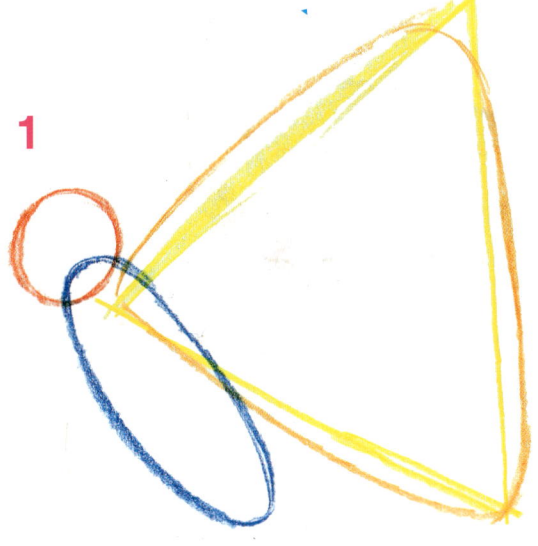

1

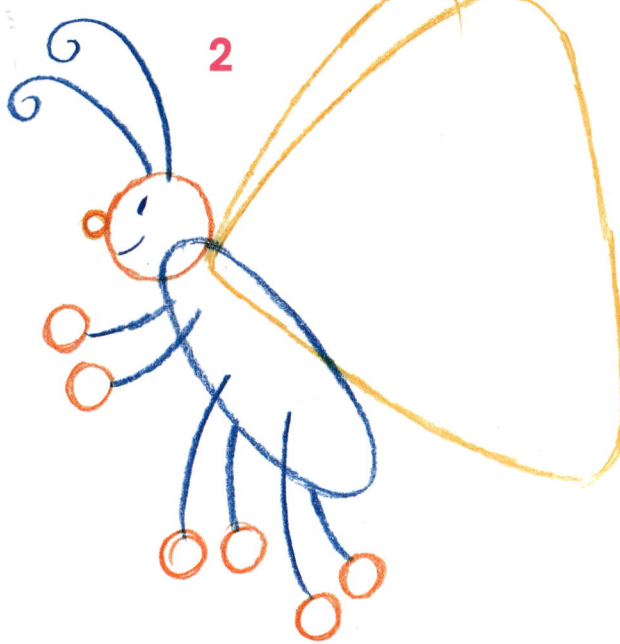

2

Ein Kringel lang, ein Kringel rund,
das Dreieck für die Flügel und

die Fühler vorne, unten kleine
Füßchen an die dünnen Beine.

Was für ein hübsches
Flatterding
ist unser bunter
Schmetterling!

Die Schnecke hat ein Haus,
da guckt sie manchmal raus.
Doch wenn wir jetzt beginnen,
da bleibt sie erst mal drinnen.

Schnecke

1 Das wird eine Spirale.

2 Fang unten an und male
nach innen und zur Mitte.
Und immer rechts rum, bitte!

3

4

Das wird der Kopf und das der Bauch,
der aussieht wie ein kleiner Schlauch.

5

Nun streckt sie noch die Fühler aus.
Dann guckt aus ihrem Schneckenhaus
vergnügt die kleine Schnecke raus.

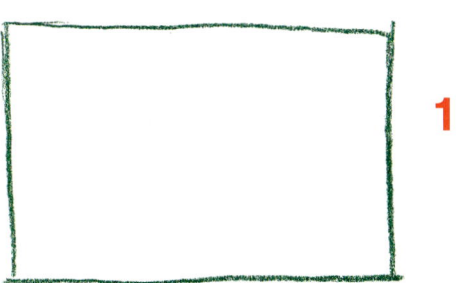

1

Der Kasten ist noch leer.

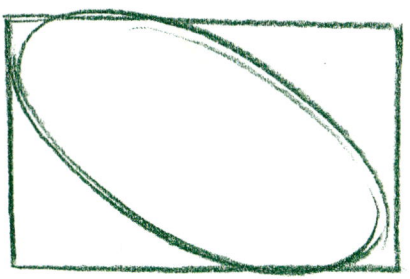

2

Da muss ein Kringel her.

3

Was schaut da oben raus?

4

Was wird da unten draus?

Frosch

5

Ein Bein zuerst allein,
und dann das zweite Bein.

6

Ein Maul, mit dem er quakt.
Und hörst du, was er sagt?

Nimm Grün und Gelb und quak mich an,
damit ich lauter quaken kann!

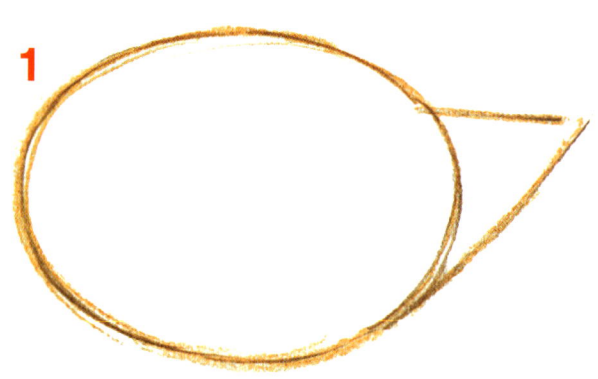

1

Ich brauche einen Eierbauch
und eine spitze Nase auch.

Igel

2

Da unten Füße, hier das Ohr.
Bald kommen Stacheln. Doch zuvor

3

malst du mich bitte rundum an.
Erst dann die schwarzen
Stacheln dran!

Nun fehlt mir nur noch
das Gesicht.
Doch bitte Vorsicht,
Igel sticht!

30

Mäuschen

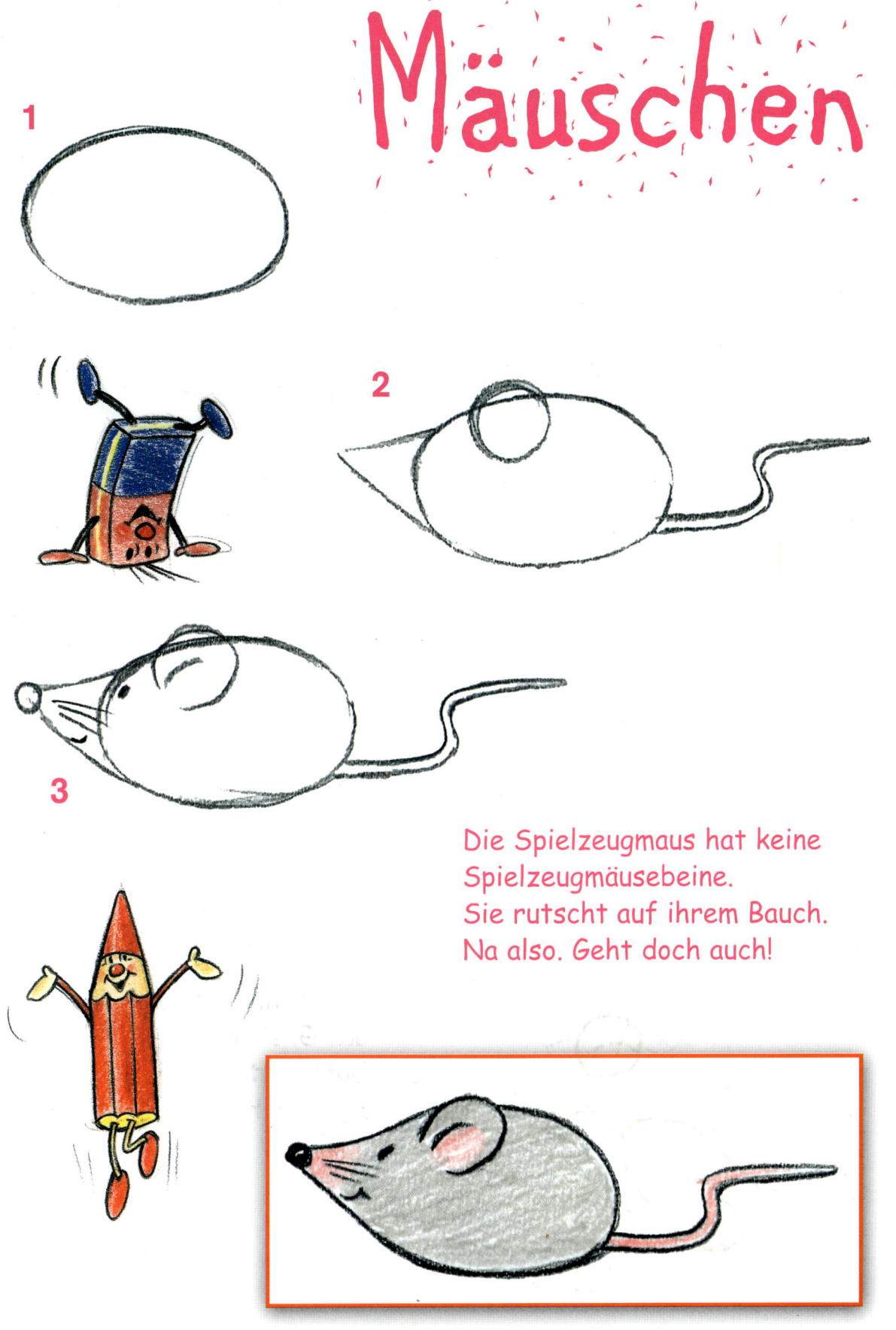

1

2

3

Die Spielzeugmaus hat keine
Spielzeugmäusebeine.
Sie rutscht auf ihrem Bauch.
Na also. Geht doch auch!

Fliegenpilz

1

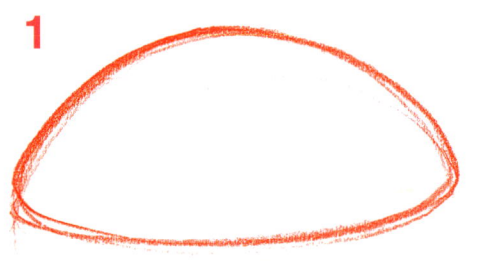

2

Ein jeder Pilz hat einen Hut
und einen Stängel drunter.
Und stellt sich jemand unter,
wird er nicht nass und hat es gut.

3

Ein jeder Pilz hat einen Hut,
doch mancher macht uns krank.
Vom Fliegenpilz weiß Gott sei Dank
ein jeder: Tut nicht gut!

Fuchs

1

Walze, Kugel drauf und flugs
wird daraus der kleine ...

Hase.

2

3

Hase?

4

Kurze Ohren, spitze Nase?
Und dazu der dicke Schwanz?
Nein, das ist ein Fuchs!

Von oben seh'n wir gut
vom Pilz den großen Hut.

Von oben, von unten

1

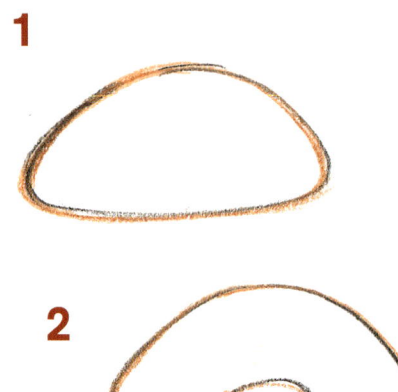

2

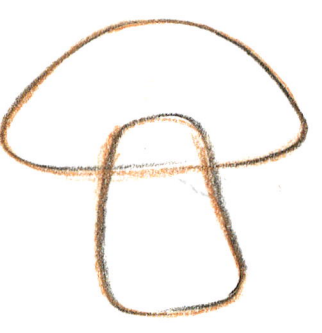

1

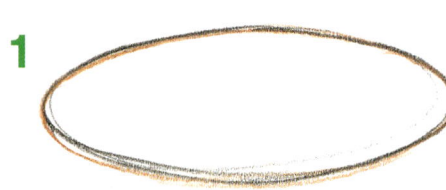

2

Jetzt machen wir uns klein
wie eine kleine Maus.
Und schaun von unten rein.
So sieht der Pilz dann aus!

3

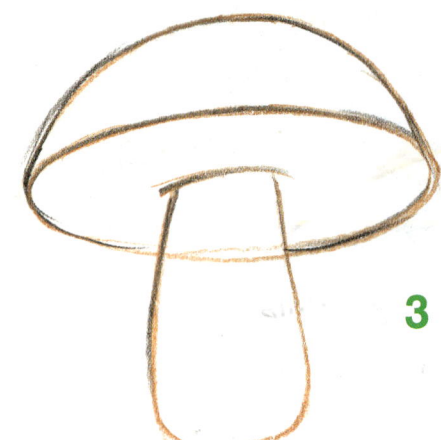

Eule

1

Das Ei, das sitzt da ganz allein:
Das Ei will eine Eule sein!

3

Zwei Flügel kommen außenrum.
Zwei Füße, da fällt sie nicht um.
Der Schnabel und das Federkleid.
Und Farbe! Schau, es ist soweit.

2

Da zeichnen wir ihm Augen ein:
ganz groß, dafür die Ohren klein.

Da sitzt die Eule ganz allein.
Jetzt schau doch nicht
so finster drein!

Eichhörnchen

1

Das Eichhörnchen
im Walde rief:
Das Ei im Viereck
ist ja schief!

2

Das muss so sein! Wir zeichnen hier
gerade doch ein Bild von dir!
Der Kopf kommt in die Ecke rein.
Hier sind die Pfoten, groß und klein.

3

Dort in den Kreis den Kuschelschweif
und da die Ohren, schmal und steif.

Das Eichhörnchen ruft: Wunderbar!
Das sieht mir ähnlich, wirklich wahr!

Tannenbaum

Wer ein Dreieck zeichnen kann,
pflanzt ein Tannenbäumchen an.

Zeichne einen Baumstamm auf
und das erste Dreieck drauf.
Nun das zweite in die Mitte
und dann oben drauf das dritte.

Soll die Tanne höher sein, zeichne noch mehr Äste ein!

Laubbäume

Ein dicker Stamm, wie schön zum Klettern!
Darauf ein Wuschelkopf aus Blättern.
Der Baum hat eine grüne Krone
und nur im Winter ist er ohne.

Häschen

1

Zeichne hier ein großes Ei

2

und ein kleines. Das sind zwei.

3

Ohren, Schwänzchen, Pfoten dran:
lauter Kringel. Sieh mal an!

Hasenfell und dann ein Näschen:
Fertig ist das Hoppelhäschen.

Dinosaurier

Wie lang ein Dinosaurier ist!
Vom Kopf, mit dem der Dino frisst,
bis hinten, wo der Schwanz am Schluss
dann endlich auch mal enden muss!

1

Dazwischen ist der Dino dick.
Wir fangen an mit diesem Stück.

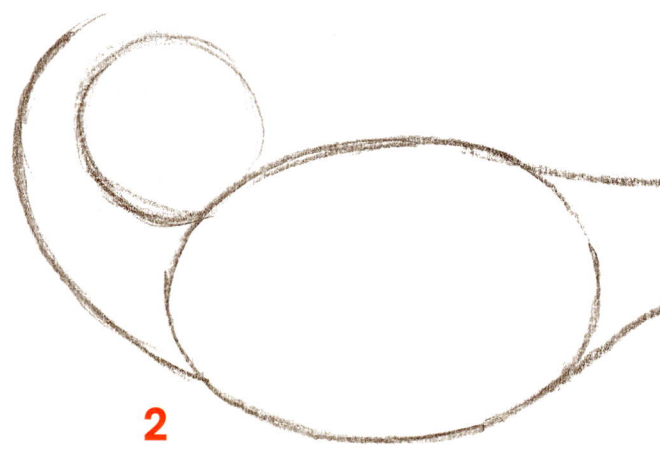

2

Der Hals wird um den Kreis gebogen,
der Schwanz nach hinten lang gezogen.

40

3

Ein kleiner Kopf darauf und dann fang mit den vielen Zacken an.

4

Mit seinen Beinen dick und stumpf versinkt ein Dino nie im Sumpf!

Tyrannosaurus

Schon am Morgen, früh um sechs,
stampft Tyrannosaurus Rex
durch den Wald und brüllt und murrt:
Hunger hab ich, Magen knurrt!

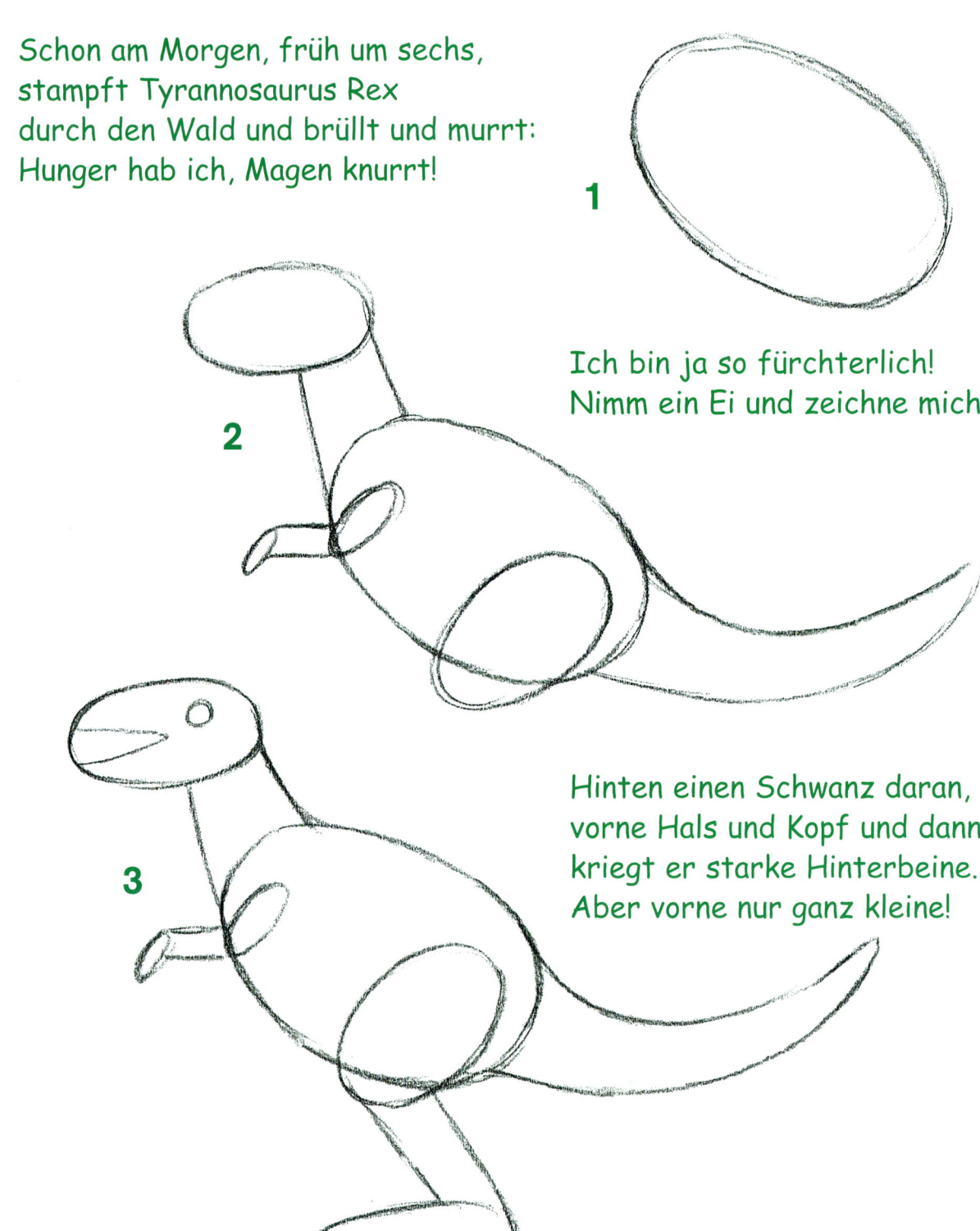

1

Ich bin ja so fürchterlich!
Nimm ein Ei und zeichne mich!

2

Hinten einen Schwanz daran,
vorne Hals und Kopf und dann
kriegt er starke Hinterbeine.
Aber vorne nur ganz kleine!

3

Bald kommt er daher getappt.
Hat sein Maul schon aufgeklappt!

4

Was, wenn er jetzt nach mir schnappt?
Ausgestorben! Glück gehabt!

Delfin

1

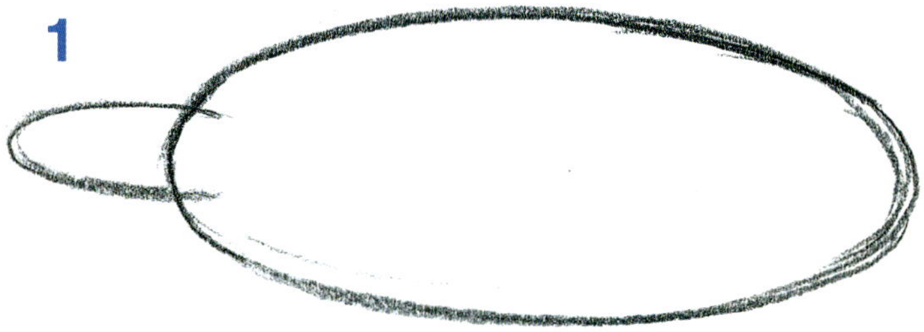

Mit dem Kringel
fängt es an.
Da kommt gleich
der Schnabel dran.

2

Fluke heißt die Flosse hinten.
Flipper sind die Seitenflossen.
Finne heißt die Flosse oben.
Alles passt wie angegossen!

3

Fertig! Schon kann der Delfin
fröhlich durch die Wellen ziehn.

44

Dicker Fisch

1

Das hier ist der Kugelbauch.

2

Spitze Flossen rundherum.

3

Mund und Augen braucht er auch.
Los jetzt, ins Aquarium!

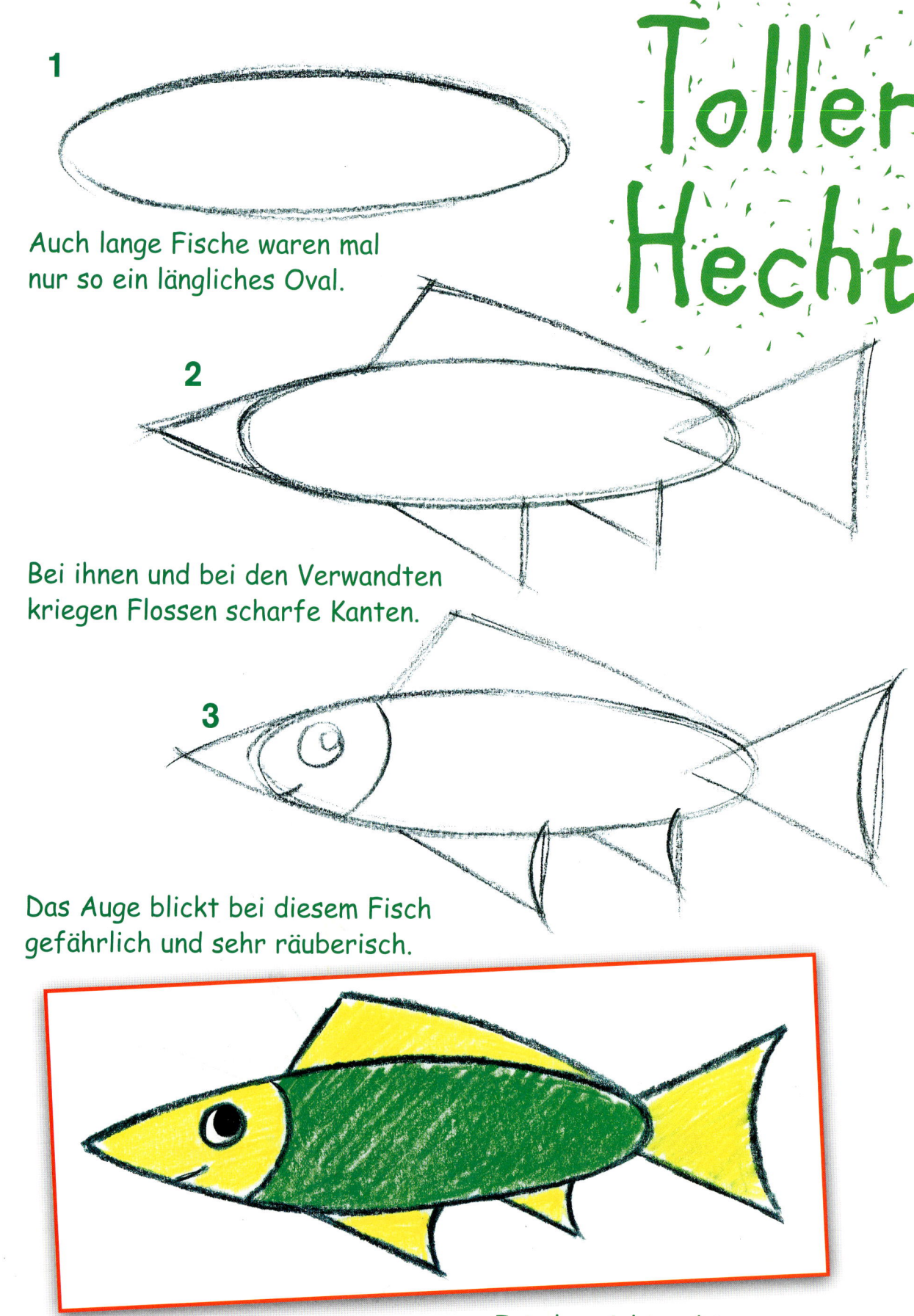

1

Auch lange Fische waren mal
nur so ein längliches Oval.

Toller
Hecht

2

Bei ihnen und bei den Verwandten
kriegen Flossen scharfe Kanten.

3

Das Auge blickt bei diesem Fisch
gefährlich und sehr räuberisch.

Ist das nicht echt
ein toller Hecht?

46

Pinguin

1

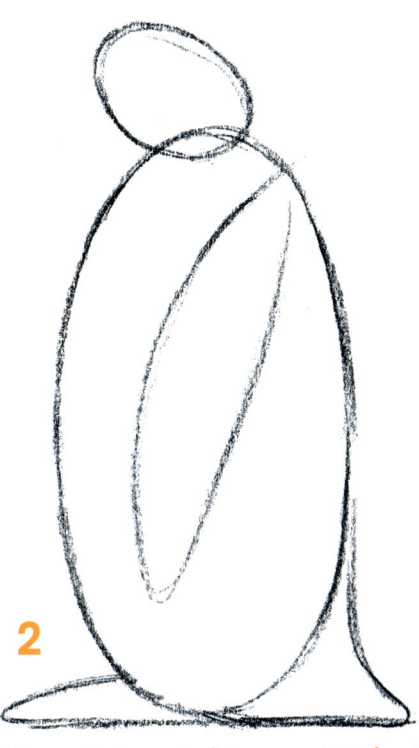

2

Ein Männlein steht am Südpol
mit einem großen Bauch.
Wir zeichnen Kopf und Flügel
und Schwanz und Füße auch.

3

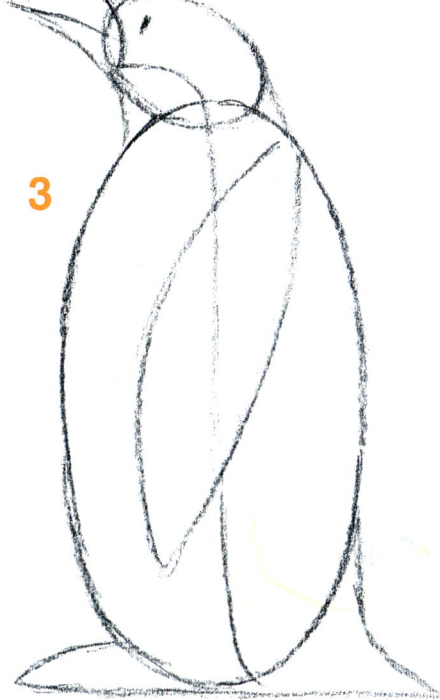

Vorne kommt der Schnabel dran,
Augen, Zehen, Latz und dann
ziehen wir dem Pinguin
den dunklen Anzug an.

Vöglein

1

2

3

Vöglein flattert,
Vöglein steht.
Schau, ich zeig dir,
wie das geht.

Will der Vogel
hoch hinaus,
streckt er seine
Flügel aus.

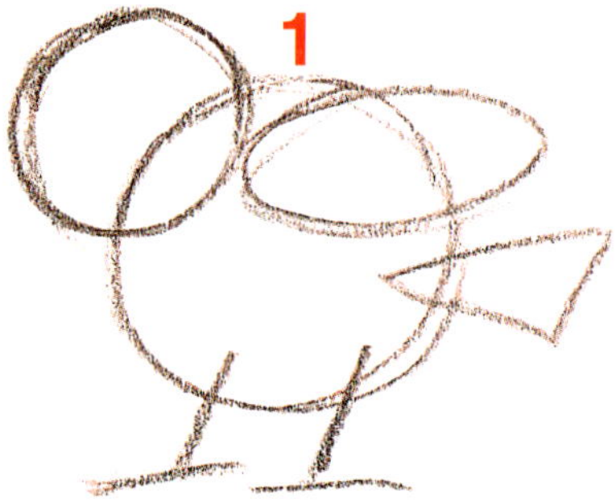

Bleibt er lieber stehen, dann
legt er seine Flügel an.

1

2

48

Äffchen

Wer ein Äffchen zeichnen will,
möchte, dass es brav und still
ruhig auf dem Boden sitzt,
und nicht durch den Urwald flitzt!

Stell ein Ei am Boden auf.
Setz ein kleineres darauf.
Arm und Bein zuerst und dann
zeichne Hand und Fuß daran.

Kleine Kringel für die Ohr'n,
großer fürs Gesicht da vorn.
Zeichne Finger, Zehen und
Nase, Augen und den Mund.

Und jetzt fehlt nur noch das Fell.

Sitzen bleiben,
    das geht schnell!

In Afrika steht unerkannt
ein ziemlich kleiner Elefant.

1

2

3

Sieht grad noch wie ein Viereck aus.
Nun schauen Kopf und Beine raus.
Er trägt den Rüssel stolz voran
und hinten hängt
das Schwänzchen dran.

Die Ohren groß,
der Stoßzahn klein –
bald wächst er
und wird größer sein!

Nun sieh mal an! Ein Elefant!
Den habe ich doch gleich erkannt!

50

Löwe

Das wird ein Löwe, stolz und wild.
So zeichnen wir das Löwenbild:

1

Wir fangen mit dem Körper an.

2

3

Da kommen Kopf und Beine dran.

Beim Löwen werden Kopf und Tatzen
viel größer als bei Miezekatzen!

Rund ums Gesicht die Löwenmähne.
Wo sind die scharfen Löwenzähne?

O nein, die zeigt er
uns nicht her.
Sonst fürchten wir
uns viel zu sehr!

1

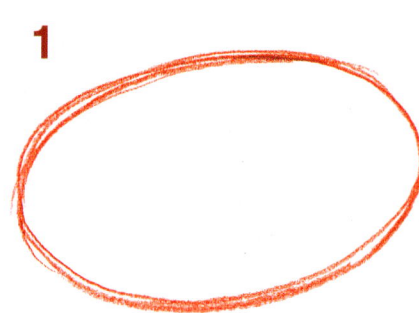

Jedes Tier hat einen Bauch,
also die Giraffe auch.
Damit haben auch die langen
Tiere einmal angefangen!

2

Und für den Giraffengang
braucht es Beine, ziemlich lang.

Aber nichts ist länger als
oben der Giraffenhals.

3

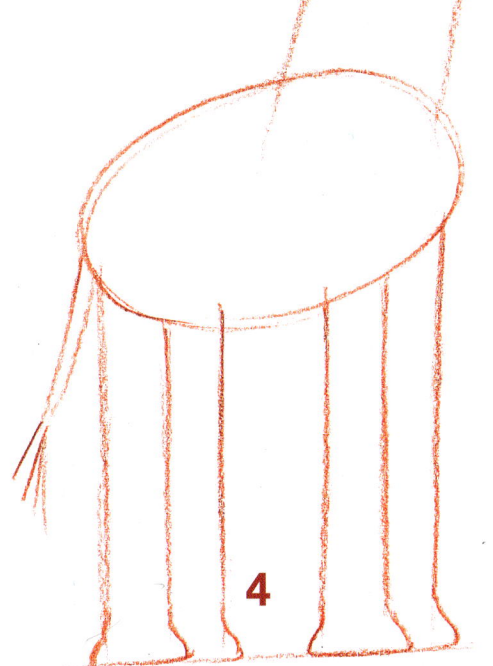

Die Giraffe trägt dort droben
ihren Kopf ganz hoch erhoben.

Hinten kommt das eine Ohr.
Zeichne einen Kringel vor,
einen für die Schnauze vorn,
einen noch für jedes Horn.

4

Nur noch das
Giraffenfell
und die Mähne.
Ging ja schnell!

So. Da steht sie nun
und guckt.
Dauert lange, wenn
sie schluckt!

Känguru

Das Känguru
hüpft immerzu
und bleibt nur selten stehen.
Schnell zeichnen wir
das Beuteltier
vom Kopf bis zu
den Zehen.

1

2

Bald sitzt es ganz
auf seinem Schwanz
und dazu kommen Beine.
Und einen Bauch,
den hat es auch.
Und darin steckt das Kleine.

3

1

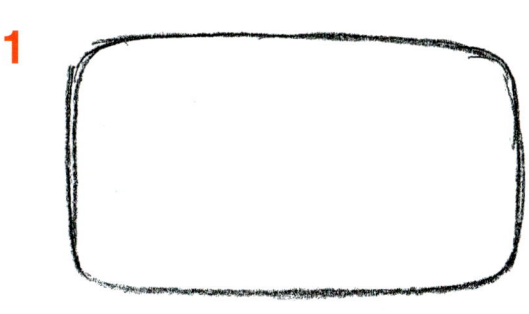

Jedes Nashorn hat ganz vorn
auf der Nase so ein Horn.
Doch das Horn kommt später dran.
Wir fangen mit dem Viereck an.

2

Drauf der Kopf und drunter kleine
kurze, dicke Stummelbeine.

3

Hinten kommt der Schwanz und vorn
Ohren, Augen, Mund und Horn.

Kamel

1

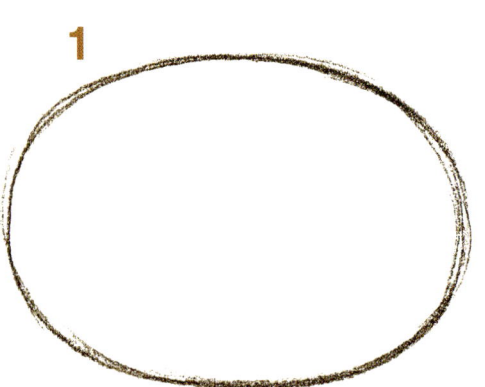

Tief in der Wüste liegt ein Ei.
Wie viele Höcker kriegt es? Zwei!

2

Wie viele Beine kriegt es? Vier!
Was wird das für ein Wüstentier?

3

Da vorne kommt der Hals hervor,
gebogen wie ein dickes Rohr.

4

Da steht nun das Kamel und spricht:
Mir fehlen noch: Kamelgesicht,
die Ohren, Füße und der Schwanz.
Ich bin bereit. Nun mach mich ganz!

Siehst du die beiden Höcker hier?
Deshalb bin ich ein Trampeltier!
Mit einem wäre ich, ganz klar,
bloß so ein dummes Dromedar.

Lastauto

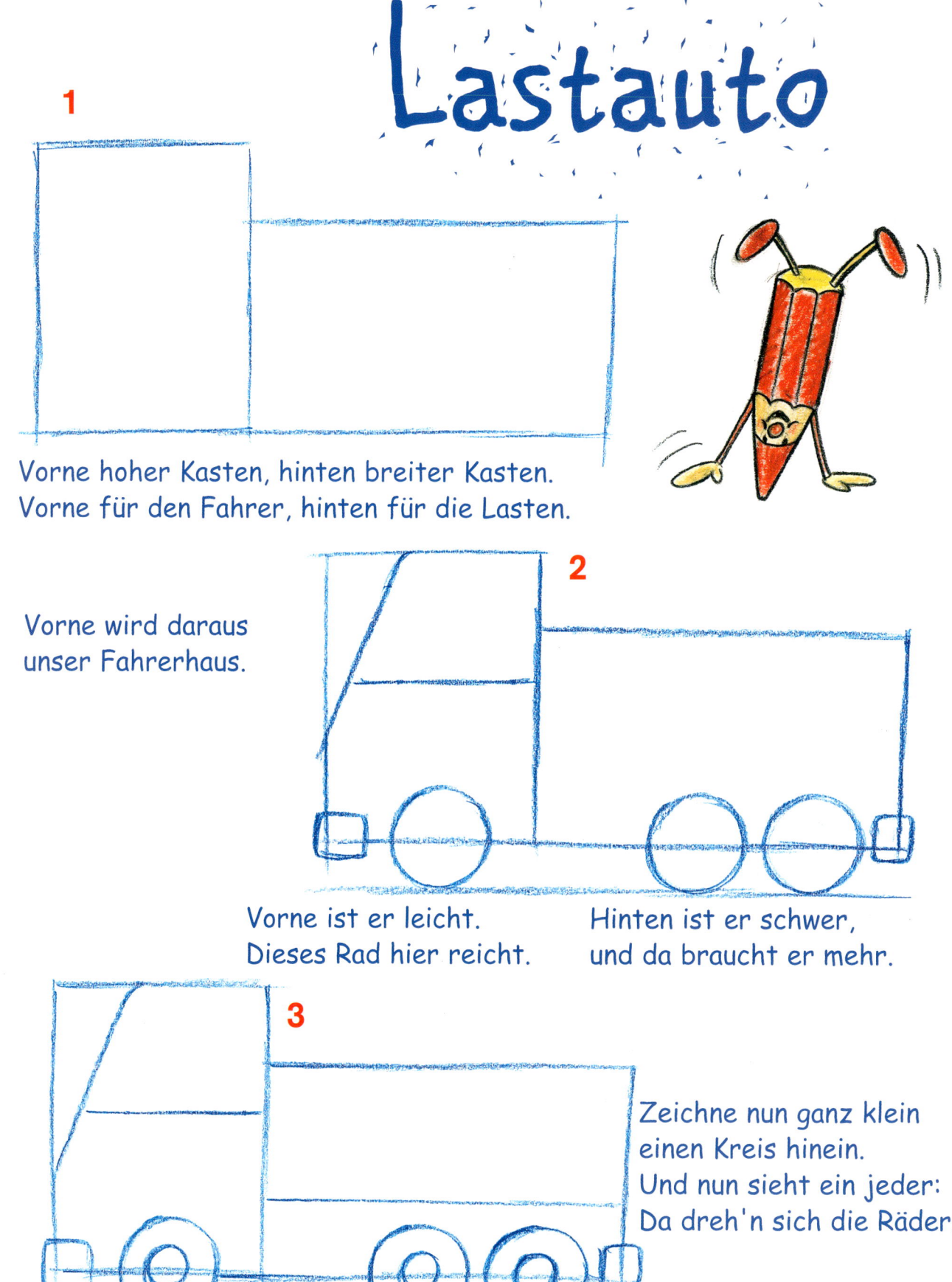

1

Vorne hoher Kasten, hinten breiter Kasten.
Vorne für den Fahrer, hinten für die Lasten.

Vorne wird daraus
unser Fahrerhaus.

2

Vorne ist er leicht.
Dieses Rad hier reicht.

Hinten ist er schwer,
und da braucht er mehr.

3

Zeichne nun ganz klein
einen Kreis hinein.
Und nun sieht ein jeder:
Da dreh'n sich die Räder.

4

Vorne kommt die Tür.
Hinten müssen wir
alles fest verschnüren.
Bitte nichts verlieren!

Auto

1

Fang mit einem Viereck an.
Teil es mit zwei Strichen ein.
Unten zeichnest du die Räder,
oben Dach und Fenster rein.

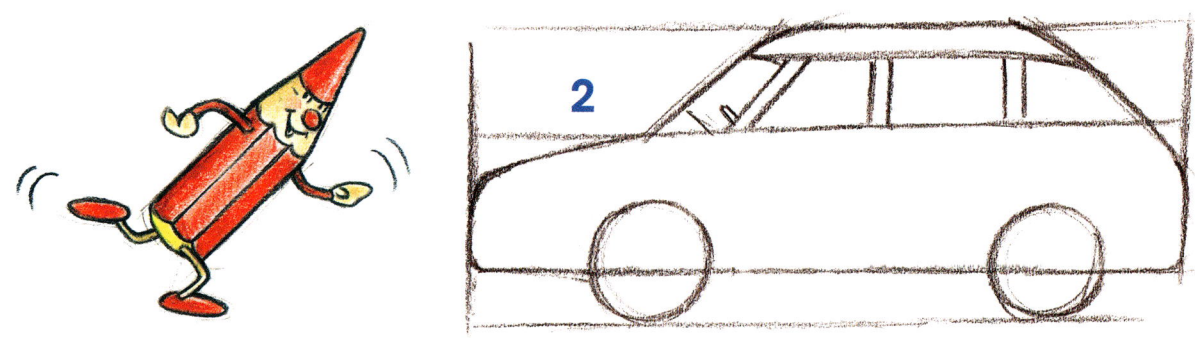

2

3

Zeichne in den weißen Fleck
Kühlerhaube, Türen, Heck.

Und wenn alle drinnen sind,
Vater, Mutter, Hund und Kind,
fährt das Auto weg.

Cabriolet

Das Cabriolet ist
rund und flach
und es braucht
kein Wagendach.

1

Zeichne einen Kasten und
vorn und hinten alles rund.

2

Zeichne oben
eine spitze
Windschutzscheibe.
Und die Sitze!

Unten Räder, vorn das Licht.
Alles dran? Noch lange nicht!

Fertig.
Bitte Sonnenschein,
denn sonst regnet
es herein!

3

Traktor

Der alte Traktor fährt nicht mehr.
Was wünscht sich da der Bauer?
Es muss ein neuer Traktor her!
Sonst ist der Bauer sauer!

1

Wir fangen mit zwei Kästen an,
da passt der Traktor rein.
Da unten kommen Räder dran,
eins groß und eines klein.

Und was muss sonst noch alles dran,
damit der Bauer fahren kann?

Wir zeichnen ihm ein Fahrerhaus
und nun das Lenkrad rein.
Denn sonst geht's immer gradeaus
und über Stock und Stein!

2

3

Den Auspuff ziehen
wir ganz hoch,
sonst stinkt's
im Fahrerhaus!

Dann zeichnen wir
die Reifen noch,
sonst rutscht
der Traktor aus.

Nun malen wir den Traktor an.
Das haben wir doch gern getan!

Hubschrauber

1

Das wird ein Ei, das fliegen kann!

Du zeichnest einen Schwanz daran.

2

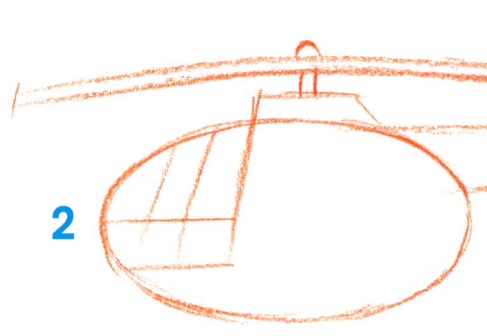

Da drinnen brummen die Motoren
und außen drehn sich die Rotoren.

3

Da unten kommen Kufen dran,
damit er wieder landen kann.

Dampfer

Den Dampfer zeichnen wir am besten
ganz am Anfang mit drei Kästen.
Da vorne ist der Bug gebogen.
So geht es schneller
durch die Wogen.

Dann zeichne Fenster
und den Kran
und Wellen.
Male alles an.

So dampft er fröhlich
auf dem Meer
nach Afrika
und wieder her.

Segelboot

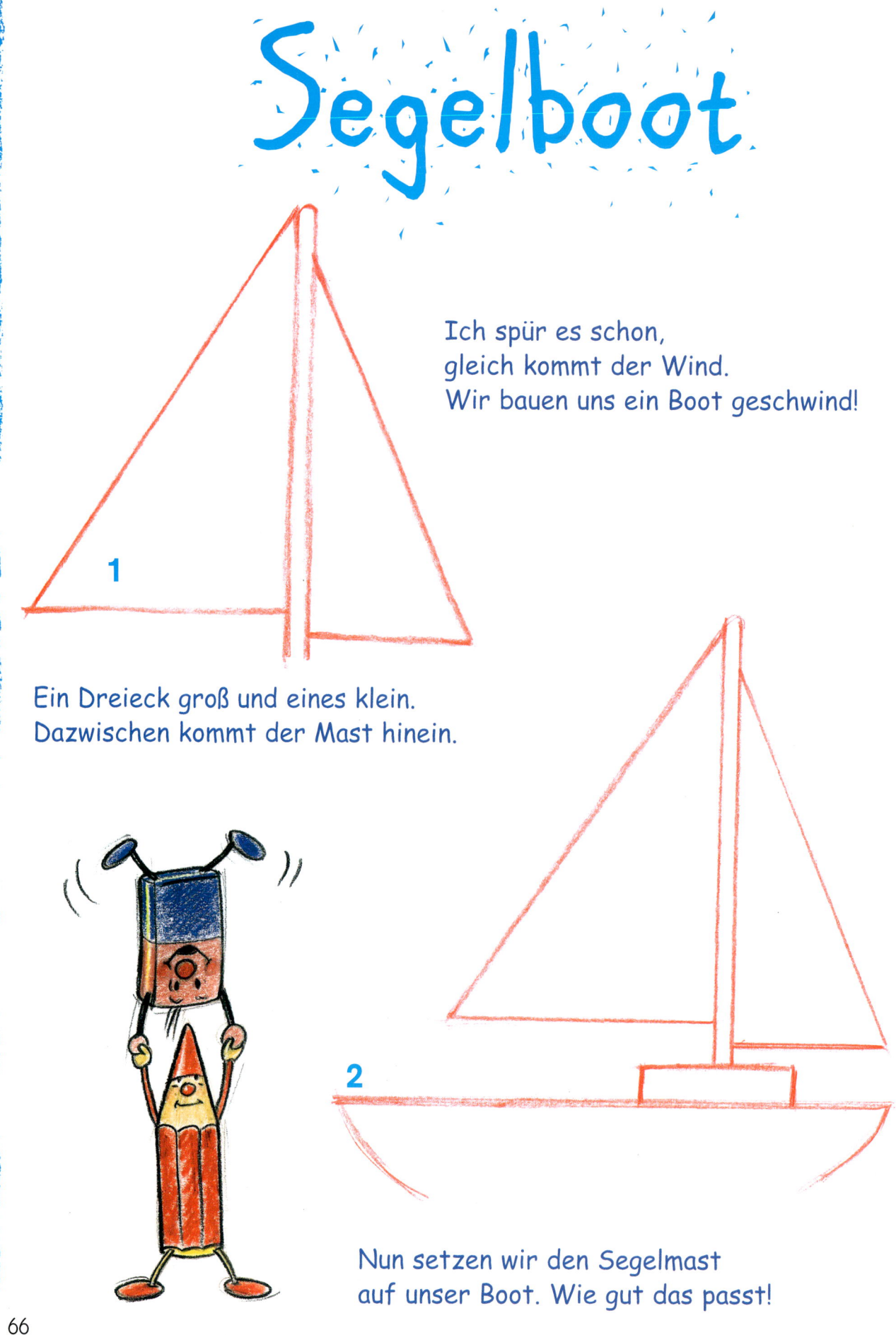

Ich spür es schon,
gleich kommt der Wind.
Wir bauen uns ein Boot geschwind!

Ein Dreieck groß und eines klein.
Dazwischen kommt der Mast hinein.

Nun setzen wir den Segelmast
auf unser Boot. Wie gut das passt!

Und jetzt noch die Kabine bauen,
mit Fenstern, um hinauszuschauen.

Die Wellen tanzen hin und her
und auf ab und übers Meer.

Da kommt der Wind!
Die Taue spannen!
Schon segelt unser Boot
von dannen.

Ritterburg

Ritter Kuno baut sich eine
Burg und dafür braucht er Steine.
Außerdem noch einen Plan:
Mit drei Türmen fängt er an.

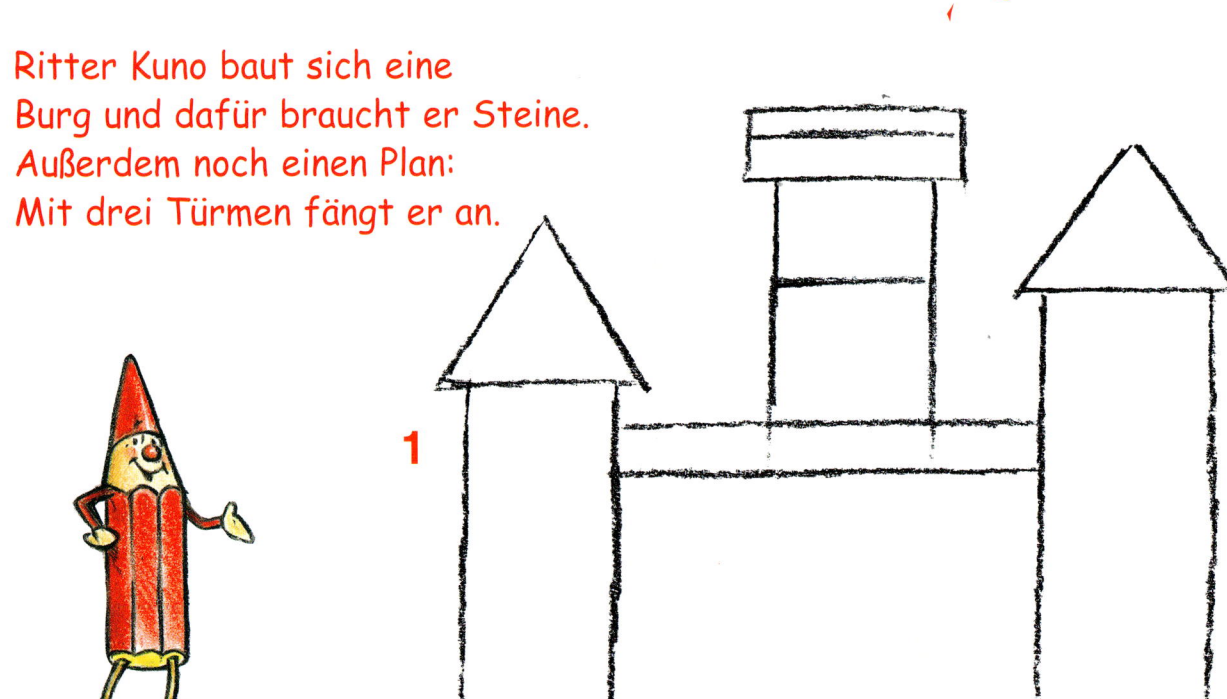

1

Oben drauf das Hütchendach,
nur der große Turm bleibt flach.
So. Dann macht der Burgenbauer
Tür und Fenster
in die Mauer.

2

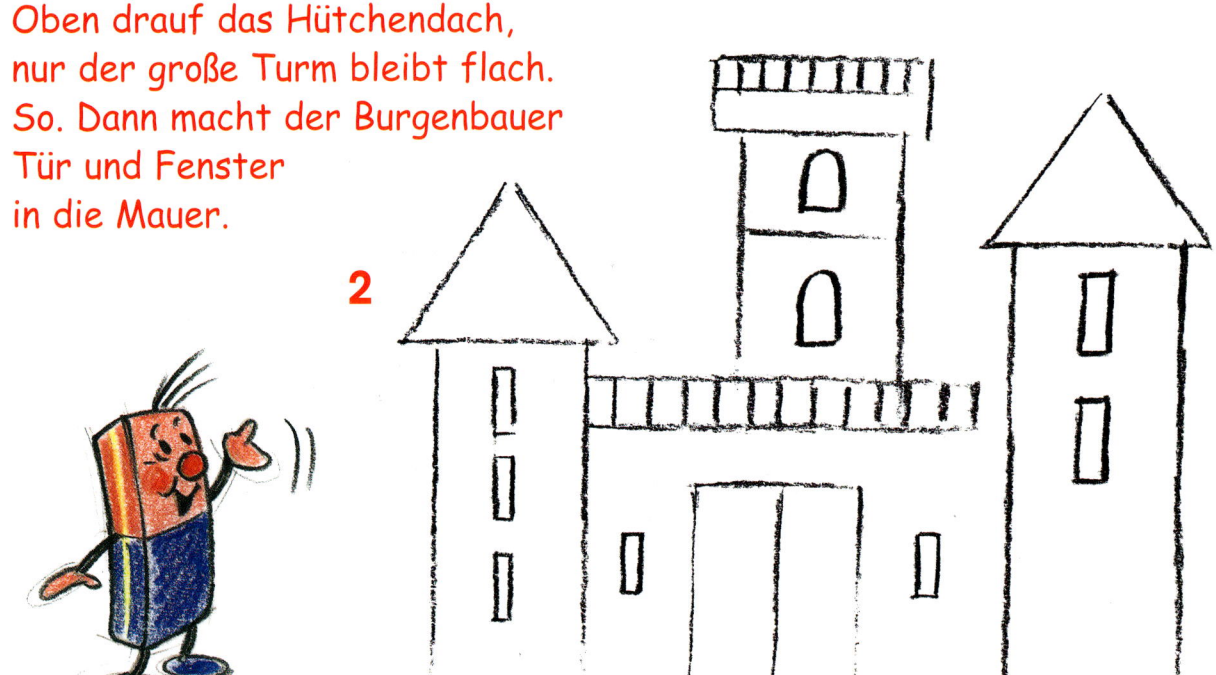

3

Zimmert sich das Tor aus Holz,
mauert Zinnen Stein auf Stein.
Oben wehen Fahnen stolz.
Unten lässt er keinen rein!

Teddybär

1

Womit macht ein Teddy Brumm?
Mit dem dicken Bauch!
Aber Arme, Kopf und Beine
braucht ein Teddy auch.

2

3

Sieben Kringel kriegt der Bär:
ein Mal Schnauze,
zwei Mal Ohren,
vier Mal Pfoten.
Bitte sehr!

4

Binde ihm die Schleife um.
Was macht Teddy?
Brumm, brumm, brumm!

Mädchen

1

2

3

Das ist Monika und hier
zeichnen wir ein Bild von ihr.

Fang mit Kreis und Kasten an.
Dreiecke als Ärmel dran,
Kugelhände, aber kleine!
Unten kommen Rock und Beine.

Zeichne das Gesicht und dann
ziehe ihr was Hübsches an!

Junge

1

2

3

Dieser Junge hier heißt Klaus
und sieht fast wie Moni aus.

Was ist anders? Oben nur
eine andere Frisur.

Außerdem steckt er in seinen
langen blauen Hosenbeinen.

Prinzessin

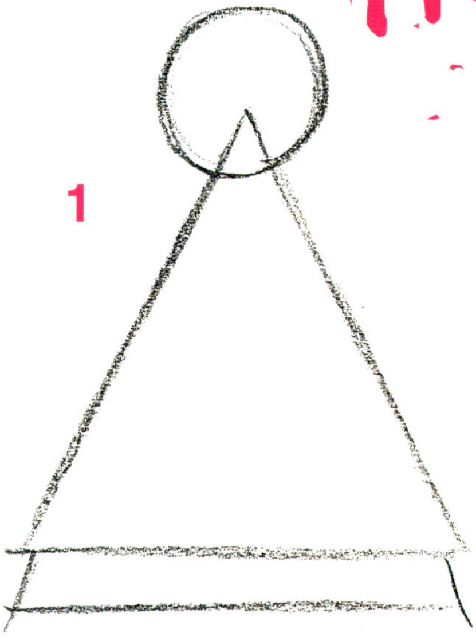

1

Die Prinzessin geht nie ohne ihre schöne goldne Krone.

Zeichne erst ein Dreieck auf und dann einen Kreis darauf.

2

Dann die Füße und die weiten Ärmel auf den beiden Seiten. Und das oben auf dem Kopf wird die Krone und kein Topf!

3

Bin ich hübsch? Nein, ich gehör unbedingt noch zum Frisör! Gold und Sterne überall. Und jetzt auf zum Märchenball!

Hexe

Morgens früh um sechs
wird aus Kreis und Dreieck
eine kleine Hex.

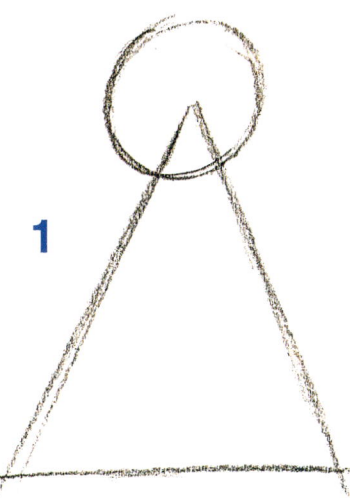

1

2

Morgens früh um sieben
steht sie auf den Beinen.
Hexe, hier geblieben!

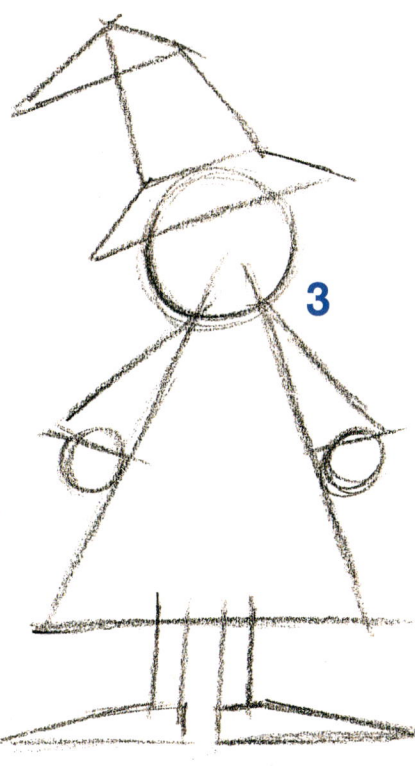

3

Morgens früh um acht:
Hände, Füße, Hexenhut,
alles schnell gemacht.

4

Morgens früh um neun
kriegt sie auch den Besen.
Da wird sie sich freu'n!

Morgens früh um zehn
ist die Hexe fertig,
kann zur Arbeit gehn!

75

Zauberer

1

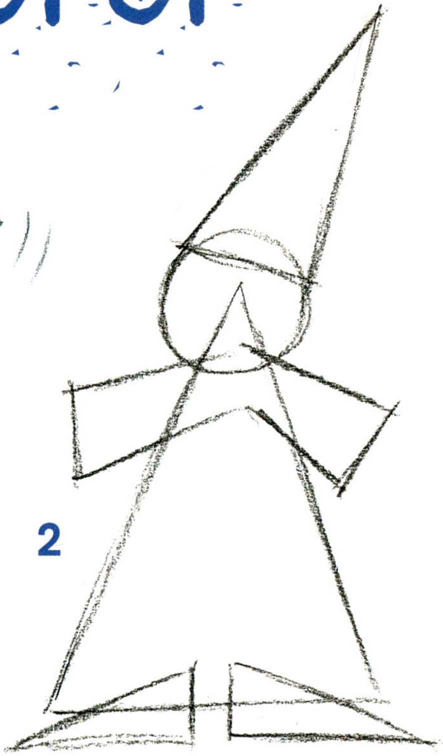

2

Bitte zaubere mich her!
Komm, ich zeig's dir. Ist nicht schwer.

Denn bei mir ist alles Spitze:
Auf dem Kopf die spitze Mütze,
spitz der Mantel, spitz die Schuh'
und ein spitzer Bart dazu.
Was ich in den Händen hab?
Das ist doch mein Zauberstab!

3

Zwerg

1

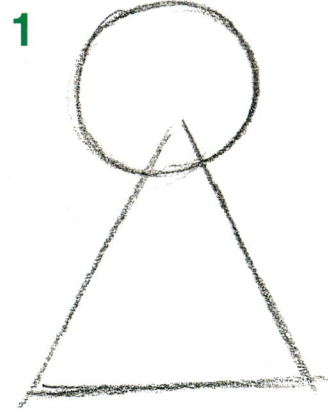

Wer ein Dreieck
zeichnen kann,
setzt noch eine Kugel drauf.

Ziehe ihm ein Röcklein an,
Setze ihm die Mütze auf.

2

3

Gürtel zu! Dann steck ihm kleine
Zwergenschuhe an die Beine.

Zeichne Haare und Gesicht.
Hörst du, was das Zwerglein spricht:

Ach, ich bin ja so allein!
Wer malt mir ein Brüderlein?

Pirat

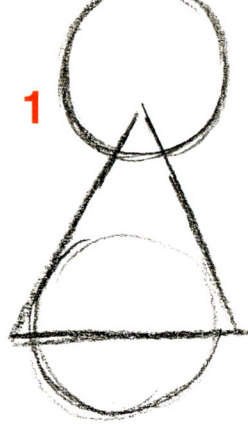

1

Ein Dreieck und zwei Kreise,
nun darfst du dreimal raten:
Wen haben wir denn da?
Vielleicht einen Piraten?

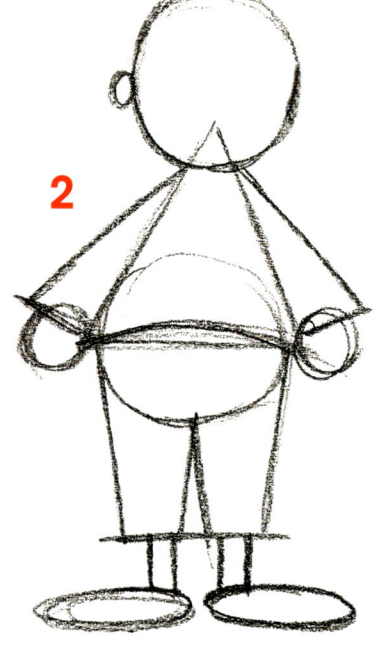

2

Zwei Arme und zwei Hände,
das sieht schon besser aus.
Und aus der Hose gucken
Piratenfüße raus.

3

Das Tuch, die Augenklappe
und dieser Räuberbart.
Wer will mit dem Piraten
auf große Räuberfahrt?

Clown

1

Drei Dreiecke und noch ein Kreis:
ein Clown! Ihr werdet sehen!
Da oben sitzt der Kugelkopf,
da unten wird er stehen.

2

Wir zeichnen ihm die Ärmel
und Schuhe, riesengroß.
Da oben kommt ein Hütchen.
Wann geht der Zirkus los?

3

Das Blümchen und die Fliege,
was braucht ein Clown noch mehr?
Er braucht ein lustiges Gesicht.
Und Farben, bitte sehr!

Impressum

Die große Kinder-Zeichenschule

Konzeption: Hanne Türk und Norbert Landa
Text: Norbert Landa
Illustrationen: Rosanna Pradella (ausgenommen
S. 7 oben, S. 10, S. 11 unten links, S. 12 und S. 13
oben: Hanne Türk)

Fachlektorat und pädagogische Beratung:
Dipl.-Päd. Agnes Ribbat und Manfred Schmeing

Gesamtproduktion: KIM Kindermedien Verlag GmbH
Layout: Yulia Vershinskaya
Druck: Bilnet Printing, Istanbul

14. Auflage 2011

ISBN 978-3-8388-3265-4
Art.-Nr. CV3265